NOTIONS

DE LOGIQUE

NOTIONS

DE

LOGIQUE

A M J M G

Cinquième édition revue et corrigée

LIBRAIRIE DE J. LEFORT

IMPRIMEUR, ÉDITEUR

LILLE
rue Charles de Muyssart, 24

PARIS
rue des Saints-Pères, 30

PREMIÈRE PARTIE

PRINCIPES

§ I.

La logique, ou art de bien penser, nous apprend à faire un bon usage de notre raison.

La faculté de raisonner, est le don le plus précieux que l'homme ait reçu de son Créateur; c'est par la raison qu'il surpasse les autres créatures visibles, se rapproche des anges et devient l'image de Dieu.

Cependant si l'homme faisait un mauvais usage de cette même faculté, il pourrait se dégrader, tomber au-dessous des animaux les plus stupides, et se rendre digne d'un malheur éternel.

Il est vrai que la vertu et le vice appartiennent à la volonté; mais la volonté est une faculté aveugle qui doit être dirigée par la raison. Nous ne voulons pas ce que nous ne connaissons pas. Si la volonté est mauvaise, c'est qu'elle est séduite par les mauvaises opérations de l'intelligence.

Nous ne traiterons pas ici de la logique, comme on le fait dans une classe de philosophie, où l'on donne sur les raisonnements beaucoup de règles embarrassantes par leur multiplicité, difficiles à saisir, à retenir et à appliquer. Nous poserons seulement les premiers principes de cette logique intérieure et pratique dont chacun a besoin pour la direction de ses pensées, de ses actions et de sa conduite.

La logique est un art que nous devons apprendre avec quelque peine, parce que notre raison, bornée de sa nature, est encore obscurcie par le péché originel, égarée par les préjugés et entraînée par la violence des passions. Le défaut d'attention, la précipitation, la paresse, la vanité, la présomption et plusieurs autres vices nous font déraisonner pitoyablement.

On pourrait apprendre la logique comme les autres arts par la seule expérience, mais il est beaucoup plus court de recourir aux règles que les personnes instruites nous ont tracées d'avance. L'expérience ne nous instruit ordinairement qu'à nos dépens. Celui qui voudrait étudier sans maître la peinture, la musique ou quelque science, passerait une grande partie de sa vie en recherches vaines et en tentatives inutiles.

§ II.

Les trois principales opérations de l'esprit.

Les trois principales opérations de notre esprit sont : 1° *concevoir* simplement les choses par la représentation intérieure qui nous en donne l'idée. L'idée est donc le résultat ou l'objet de cette première opération qu'on nomme aussi *perception*.

2° *Juger*, c'est unir deux idées en affirmant que l'une convient à l'autre, ou les désunir en niant que l'une convienne à l'autre. Pour cela, il faut apercevoir leur ressemblance ou leur différence.

3° *Raisonner*, c'est déduire un jugement d'un autre jugement précédent, dont il résulte comme conséquence.

Ainsi la première opération de notre esprit est la simple perception ou la représentation d'une chose sans en rien affirmer. Quand vous dites : *maison*, *homme*, *arbre*, vous n'exprimez par ces mots que de simples objets représentés dans votre esprit. Le jugement a lieu quand vous liez l'idée d'un objet à l'idée d'un autre. Si vous dites : *Cette maison est belle*, vous exprimez un jugement où la beauté conçue par votre esprit est liée à l'idée de la maison que vous vous représentez. Si vous dites : *Cette maison n'est pas belle*, vous exprimez un jugement qui nie la liaison des deux idées existantes dans votre esprit.

Le raisonnement a lieu quand on porte un jugement comme étant la suite d'un autre. Vous formez un raisonnement en disant : *Cette maison est belle, donc elle sera vendue chèrement;* car le second jugement est déduit du précédent.

§ III.

Des Idées.

La première opération de notre esprit nous donne donc l'*idée*, qui consiste dans la perception d'un objet quelconque représenté dans notre intelligence.

Sans rechercher comment se fait cette perception, ou se produit cette effigie, nous observerons que si elle représente un objet corporel, un arbre, une maison, etc., elle vient alors de l'*imagination*, ou faculté de produire des images.

Il y a des idées dont nous concevons l'objet spirituellement et sans nous en former aucune image; par exemple : la *beauté*, la *vertu*, ou quelque autre qualité séparée par l'abstraction du sujet où elle réside.

C'est une imperfection très ordinaire à l'homme, lorsqu'il veut penser à Dieu ou aux anges, etc., de consulter son imagination et de se les dépeindre sous une forme corporelle : ainsi, se représenter Dieu comme une vaste mer, comme une étendue sans limite, comme une lumière éblouissante, etc. Il est vrai que ces figures, et autres semblables, quand on a soin de les corriger par la raison et surtout par la foi, loin d'avoir quelque chose de répréhensible, nous servent au contraire utilement pour nous élever jusqu'à la nature de la Divinité, comme nous employons les images et les statues pour nous représenter Dieu le Père, les anges, etc. Mais tout cela est fort imparfait; car les choses spirituelles ne peuvent jamais entrer dans le domaine de l'imagination.

Les idées ne nous représentent pas les objets eux-mêmes, mais les notes, caractères, propriétés ou qualités qui les distinguent. Si toutes ces qualités conviennent effectivement à l'objet qu'on veut représenter, l'idée est juste; mais cela arrive rarement : l'expérience nous apprend à nous méfier de nos connaissances, et principalement de ce qui nous vient par l'imagination.

Il y a plusieurs sortes d'idées : les idées sont générales, particulières ou singulières. Une idée singulière, ou individuelle, est celle dont toutes les notes ensemble ne conviennent qu'à un individu, c'est-à-dire à un objet unique, entre tous ceux qui existent, en quelque genre que ce soit. Nous exprimons cet objet singulier ou individuel par un nom propre, et quelquefois par un nom commun, mais en y ajoutant un pronom démonstratif ou quelque autre marque déterminative, comme *Socrate, Rome, cette maison, le livre que je lis, etc.* Une idée dont toutes les notes conviennent à plusieurs individus n'est pas singulière, mais générale ou particulière :

1° Générale, si elle s'étend à tous les individus d'une même classe ou espèce : telle est l'idée exprimée par le mot homme, parce que ce qui constitue l'homme, la vie, le sentiment, la raison, appartient également à tous les individus de l'espèce humaine. 2° Particulière, si elle ne s'étend qu'à une partie des individus de la même espèce. Ainsi : quelques hommes, plusieurs étoiles, etc. Parmi les idées générales, il y en a de plus ou moins étendues. En comparant l'espèce des hommes à celle des bêtes, on trouve entre elles quelque chose de commun, savoir, la vie et la sensation, ce qui constitue l'animal. Donc l'idée d'animal est plus étendue que celle d'homme ou de bête, puisqu'elle contient tous les individus de l'une et de l'autre espèce.

L'animal est appelé genre par rapport à ces deux espèces.

Remarquez que le *genre* par rapport à l'espèce inférieure, devient *espèce* par rapport au *genre supérieur*. Ainsi l'animal et la plante, qui sont deux *genres*, deviennent *espèces* par rapport à la créature vivante corporelle, qui est un *genre supérieur*.

On demande d'où viennent les idées.

Nous répondrons :

1° Plusieurs idées viennent de Dieu qui nous les donne directement lui-même ou nous les envoie par le ministère de ses anges. Le chrétien ne peut en douter.

2° L'âme acquiert beaucoup d'idées par le moyen des sens : la vue, l'ouïe, l'odorat, le goût, le toucher. Les choses qui agissent sur les organes de ces sens produisent dans le corps des mouvements à l'occasion desquels le sentiment et les idées s'excitent dans l'âme.

3° L'âme aperçoit en elle-même plusieurs choses : son existence, ses opérations intérieures. Elle peut se dire avec toute assurance : *Je pense, donc j'existe.*

4° La *mémoire* de ce que nous avons vu ou entendu autrefois, éveille d'autres idées qui se rattachent aux premières.

5° Le démon a aussi la puissance de susciter en nous certaines idées.

Si l'on veut avoir de bonnes idées, il faut le demander souvent à Dieu, écouter de sages instructions, lire de bons livres, remplir sa mémoire de tout ce que la saine raison et la foi catholique proposent d'utile, éviter ce qui excite des impressions dangereuses.

§ IV.

Du Jugement et des Propositions.

Le jugement est la seconde opération de l'esprit; il consiste à unir deux idées, en affirmant que l'une convient à l'autre, ou à les désunir en niant leur convenance.

Donc tout jugement est *affirmatif* ou *négatif*.

Le jugement s'exprime par une proposition *affirmative* ou *négative*. Et comme dans le jugement il y a deux idées à joindre ou à séparer, de même dans la proposition il y a deux termes qui expriment ces idées. Le premier est appelé *sujet*, l'autre, *attribut*. Dans la proposition affirmative, entre le sujet et l'attribut, se trouve le verbe, *est*, servant de lien ou de nœud pour joindre l'un à l'autre. Dans la proposition négative, où l'on exprime que l'attribut ne convient pas au sujet, il faut ajouter une négation au verbe.

Ainsi quand je dis, *Dieu est tout-puissant*, j'exprime un jugement affirmatif. *Dieu* est le sujet de la proposition; *tout-puissant*, l'attribut; *est*, le verbe, lien ou nœud qui joint les deux idées. Quand je dis, *L'homme n'est pas tout-puissant*, j'exprime un jugement négatif. L'*homme* est le sujet de cette proposition; *tout-puissant*, l'attribut; la convenance des deux idées est niée au moyen de l'adverbe *ne pas* ajouté au verbe.

On trouve ces trois choses, le *sujet*, le *verbe* et l'*attribut*, dans toutes les propositions. Ainsi en disant: *Pierre court*, c'est comme si l'on disait: *Pierre est courant*. Le sujet *Pierre* et l'attribut *courant* sont unis affirmativement.

La proposition est universelle, quand le sujet est pris universellement, comme lorsqu'on dit: *Tous les hommes sont mortels*.

La proposition est particulière, quand le sujet est pris particulièrement. Exemple: *Quelques hommes sont vertueux*.

La proposition est singulière, quand elle a pour sujet un seul individu. Exemple: *Pierre est courageux*.

Il y a des propositions qui méritent une attention spéciale: ce sont celles qu'on nomme *définitions*.

La *définition* est une courte proposition qui exprime la nature d'un objet. Pour être bonne, elle doit contenir le genre le plus prochain et la différence spécifique du sujet, c'est-à-dire indiquer à quel genre voisin le sujet appartient et par quels attributs il diffère de toute autre espèce de ce genre. Ainsi quand je dis : *L'homme est un animal raisonnable*, je donne une bonne définition de l'homme, car je le range dans la classe des animaux comme dans le genre le plus prochain ; et cependant, je l'en distingue absolument par l'attribut *raisonnable* qui constitue sa différence spécifique.

La définition, pour être exacte, doit convenir à tout le défini et au seul défini. Ainsi en disant : *L'homme est un animal usant bien de la raison*, on ne donne pas une définition exacte, car il est malheureusement impossible d'affirmer que tout homme use bien de sa raison.

De même on ne définit pas l'homme en disant seulement qu'il est *une créature raisonnable,* car on pourrait en dire autant de l'ange.

Il importe beaucoup de bien juger. Si la logique ne nous préserve pas toujours de toute erreur, elle nous apprend du moins à veiller attentivement sur nos jugements et à les rectifier.

§ V.

Le Raisonnement

Le raisonnement est une troisième opération de l'esprit, s'appuyant sur les deux autres.

C'est un jugement tiré d'un autre jugement. De ce qu'une idée convient à une seconde, on en conclut qu'elle convient aussi à une troisième renfermée dans la seconde; ou au contraire on conclut que la troisième idée n'a pas telle qualité, parce que la seconde ne l'a pas non plus.

Le raisonnement ne nous serait pas nécessaire, si nous pouvions voir les vérités en elles-mêmes; mais notre esprit est si borné qu'il doit aller péniblement de l'une à l'autre. Saint Thomas d'Aquin pense que les anges n'ont pas besoin de raisonner pour parvenir à la connaissance des vérités, parce qu'ils les voient tout d'un coup en elles-mêmes. Quant à nous, dans cette recherche, nous nous servons de quelques principes certains dont nous tirons des conséquences, et cette opération nous avance d'un pas dans le chemin qui mène des ténèbres à la lumière.

Dieu nous a communiqué quelques vérités ou principes généraux, nous laissant le devoir d'en déduire les vérités particulières dont la connaissance s'applique aux divers cas de la vie humaine.

Par exemple, c'est un principe général, que nous devons éviter le mal et faire le bien. Par le raisonnement nous en tirons cette vérité particulière, que nous devons éviter le mensonge, etc.

Outre ce principe général de la morale, Dieu nous a donné dix commandements qui sont des principes secondaires, explicatifs du premier. Ces dix commandements contiennent eux-mêmes d'autres vérités, que nous en déduisons par le raisonnement.

La forme la plus ordinairement employée dans le raisonnement pour la recherche de la vérité, est celle du syllogisme. Nous allons en expliquer la nature.

§ VI.

Du Syllogisme.

Le syllogisme est un raisonnement qui consiste en deux propositions dont on déduit une troisième; il est ordinairement fondé sur un des deux principes suivants, où il n'y a pas d'erreur possible :

I. Ce qui convient à l'idée d'une généralité, convient à chacun des individus qui composent cette généralité.

II. Ce qui ne convient pas à l'idée d'une généralité, ne convient à aucun des individus qui entrent dans la même généralité.

Les deux premières propositions du syllogisme se nomment *Prémisses;* la plus générale des deux prémisses se nomme *Majeure*; la moins générale, ordinairement la seconde, se nomme *Mineure*. La troisième proposition déduite des deux autres par une conséquence, légitime ou illégitime, se nomme *Conclusion*.

Quand les prémisses sont vraies et la conséquence légitime, c'est-à-dire contenue dans les prémisses, le syllogisme est matériellement et formellement *en règle*, soit par exemple les syllogismes suivants :

SUR LE PREMIER PRINCIPE.

Toute injustice est défendue; *Majeure*.
Or, l'usure est une injustice; *Mineure*.
Donc l'usure est défendue.

SUR LE SECOND PRINCIPE.

Nul péché n'est permis; *Majeure*.
Or, tout mensonge est un péché; *Mineure*.
Donc nul mensonge n'est permis.

Si les prémisses sont vraies, la conclusion l'est aussi, pourvu que la conséquence soit légitime. En sorte que si quelqu'un admet les prémisses, il ne peut nier la vérité de la conclusion qu'en la qualifiant d'*illégitime*. Pour obtenir une conséquence légitime, il y a certaines règles à observer. Dans les cours de philosophie, on en donne une multitude, qui s'appliquent à toutes sortes de syllogismes, mais qui sont trop compliquées pour être exposées ici ; nous nous bornerons aux plus essentielles, en les appuyant sur des exemples.

1° La conclusion du syllogisme doit être contenue dans la majeure ; la mineure sert à le faire voir. Exemple :

Tous les hommes sont mortels ;
Or, tous les rois sont hommes ;
Donc tous les rois sont mortels.

Les rois sont mortels parce qu'ils sont hommes :

La conclusion est contenue dans la majeure, et la mineure le fait voir.

2° Dans un syllogisme simple, il n'y a que trois propositions, et par conséquent trois sujets et trois attributs. Pour exprimer ces trois sujets et ces trois attributs, on ne se sert que de trois *termes* différents ; ainsi dans le syllogisme précédent les trois termes sont :

1° Tous les hommes,
2° Mortels,

3° Tous les rois.

Un de ces termes se trouve deux fois dans les prémisses, on l'appelle *moyen*; il doit être pris au moins une fois généralement. Ici le terme moyen est *homme*, il est pris généralement dans la majeure.

3° Une des prémisses, soit la première, soit la seconde, doit être une proposition générale; on ne peut rien conclure de deux propositions particulières. Exemple:

Quelques impies sont Français;

Or, quelques Français sont braves.

On ne peut conclure de là, ni que tous les impies, ni même que plusieurs impies sont braves.

4° Une des prémisses doit être affirmative; on ne peut rien conclure de deux propositions négatives.

Ainsi on ne saurait dire:

Ni l'or ni la grandeur ne nous rendent heureux;

Or, Philémon et Baucis n'avaient ni or ni grandeur;

Donc ils étaient heureux.

Mais on dirait bien:

Les pauvres ne possèdent ni les richesses ni les honneurs du monde;

Or, beaucoup de pauvres sont heureux;

Donc on peut être heureux sans posséder ni les richesses, ni les honneurs, ni l'or, ni la grandeur.

D'après ces règles, il est facile de voir que les syllogismes suivants sont ridicules :

1° Tous les mahométans sont des infidèles ;

Or, tous les Chinois sont des infidèles ;

Donc tous les Chinois sont des mahométans.

La conclusion de ce syllogisme n'est pas contenue dans les prémisses, car les mahométans et les Chinois peuvent avoir la même qualité d'*infidélité*, et cependant être des peuples de différentes religions ; le syllogisme pèche donc contre la première règle, il ne vaut rien. Remarquez aussi que le *terme moyen*, savoir, *des infidèles*, ne se prend généralement ni dans la majeure ni dans la mineure. On dit seulement que les Mahométans sont *quelques infidèles*, les Chinois *quelques* infidèles, ni les uns ni les autres ne sont *tous les infidèles*.

2° Vous n'êtes pas ce que je suis ;

Or, je suis homme ;

Donc vous n'êtes pas homme.

La conséquence de ce syllogisme n'est pas légitime, parce que vous et moi pouvons être des sujets différents et cependant avoir la même qualité d'hommes. Ni l'une ni l'autre des deux prémisses n'est une proposition générale.

Quand un argument paraît avoir une

conséquence légitime, tandis que cette conséquence est fausse, cela s'appelle sophisme ou mauvais raisonnement.

Voici les principales espèces de sophismes :

§ VII.

Diverses sortes de sophismes.

PREMIER SOPHISME.

PROUVER AUTRE CHOSE QUE CE QUI EST EN QUESTION.

C'est un vice ordinaire dans les contestations : on dispute avec chaleur, et souvent on ne s'entend pas les uns les autres.

Ainsi les luthériens, voulant prouver qu'il est permis de manger de la viande tous les jours, disent :

Toutes les créatures de Dieu sont bonnes;
Or, la viande est une créature de Dieu;
Donc la viande est toujours bonne.

Les catholiques admettent ce syllogisme; mais ils remarquent qu'il ne prouve nullement ce qui est en question. Nul ne conteste que la viande, considérée comme créature de Dieu, soit bonne. Mais l'usage peut en avoir été défendu à certains jours. Comme le fruit de l'arbre de la science du bien et du mal, dans le paradis terrestre, était fort bon en lui-même ; mais

Adam a péché en le mangeant, parce que Dieu lui en avait interdit l'usage.

SECOND SOPHISME.

SUPPOSER VRAI CE QUI EST EN QUESTION.

Cette mauvaise manière de raisonner est aussi très commune. On pose un principe comme certain, tandis qu'il ne l'est pas. Dans tout raisonnement, ce qui sert de preuve doit être admis de l'adversaire et reconnu par lui comme vrai ; pour cela, il faut n'employer dans ses prémisses que des propositions dont la vérité soit claire et évidente.

Pour raisonner avec quelqu'un, il ne suffit pas que le principe dont nous partons soit clair à nos propres yeux, il faut encore qu'il le soit au jugement de notre adversaire. Ainsi, pour prouver quelque chose à un mahométan, on se servirait inutilement d'un texte de l'Ecriture sainte, puisqu'il n'y reconnaît pas la parole de Dieu. Il faut, pour lui parler religion, poser quelques principes raisonnables dont il convienne.

On se trompe souvent soi-même à l'aide des sophismes. Ainsi une jeune personne s'autorise à suivre les modes en se disant :

Il m'est permis de m'habiller comme les autres ;

Or, les autres suivent la mode;
Donc il m'est permis de suivre la mode.

Son raisonnement est un sophisme; il s'appuie sur un principe vicieux et suppose pour vrai ce qui est en question, qu'il soit permis de faire tout ce que font les autres, maxime énergiquement réfutée par ces paroles de saint Paul : « Si je plaisais encore au monde, je ne serais pas le disciple de Jésus-Christ. »

TROISIÈME SOPHISME.

PRENDRE POUR CAUSE CE QUI N'EST PAS CAUSE.

C'est la mauvaise manière de raisonner des personnes superstitieuses qui disent :

J'ai renversé une salière;
Donc je dois m'attendre à un malheur, etc.

On se trompe de la même façon en supposant qu'une chose qui a précédé un événement en est nécessairement la cause. Comme l'apparition d'une comète, cause de guerre, etc.

QUATRIÈME SOPHISME.

JUGER D'UNE CHOSE PAR CE QUI NE LUI CONVIENT QU'ACCIDENTELLEMENT.

Par exemple, condamner la médecine, parce qu'il y a des médecins ignorants;

juger mal des pratiques religieuses, parce qu'il s'y glisse des abus. Comme si le mauvais usage que les hommes peuvent faire des meilleures choses les rendait mauvaises.

CINQUIÈME SOPHISME.

PRENDRE POUR PRINCIPE GÉNÉRAL CE QUI N'EST PAS GÉNÉRALEMENT VRAI.

C'est en quoi on se trompe le plus. Si le principe sur lequel on se fonde n'est pas généralement vrai, il est impossible de réduire le raisonnement à un syllogisme régulier et de s'assurer de la justesse d'une argumentation.

Presque tous les proverbes, quoique énoncés généralement, ont leurs exceptions, et l'on se tromperait gravement si on voulait en tirer une conclusion absolue. Par exemple : telle mère, telle fille; point d'argent, point de suisse, etc.

§ VIII.

Sophismes d'amour-propre, d'intérêt ou de passion, sophismes suggérés par l'imagination.

1° Sophismes d'amour-propre :

L'amour-propre rend jaloux, envieux et

malin à l'égard des autres. Il ne souffre qu'avec peine leurs avantages. Or, c'est un grand avantage de connaître la vérité, de la dire et surtout de la dire le premier; on veut ravir cette gloire au prochain; on combat ses opinions ou ses inventions pour la seule raison qu'elles viennent de lui, et d'après ce sophisme intérieur :

C'est un autre que moi qui le dit ou qui le fait;

Donc cela est faux et mauvais.

2° Sophismes d'intérêt :

Pour conserver ce que l'on a, ou parvenir à ce que l'on désire, on ne regarde plus à la vérité ou à la justice des principes, pourvu que le raisonnement favorise notre fortune ou notre ambition.

3° Sophismes de passion.

Combien y en a-t-il qui font intérieurement ce raisonnement :

Je l'aime;

Donc c'est une personne pleine de bonnes qualités.

Je la hais;

Donc elle n'a que des défauts.

L'objet de notre passion nous paraît tel que notre sentiment nous le dépeint, comme celui qui a la jaunisse voit tout jaune.

4° L'imagination,

Qui est ordinairement mise en jeu par les passions, trouble la raison. Ainsi, sans la connaître, les jeunes filles se représentent la vie chrétienne sous des couleurs sombres et rebutantes, et elles répugnent à s'y engager.

Le paresseux se dit : « Je trouverai un lion dans mon chemin. » Cela lui suffit pour ne pas oser avancer; cependant le lion n'existe que dans son imagination.

5° La passion et l'imagination nous empêchent de bien raisonner en deux manières :

1° Elles arrêtent notre attention sur ce qui leur plaît ;

2° Elles la détournent de ce qui leur est opposé.

§ IX.

Méthode pour former sa conscience au moyen d'une logique chrétienne.

La conscience est un jugement pratique par lequel on décide sur la bonté ou la malice d'un acte particulier, qu'on doit faire ou omettre en telle ou telle circonstance.

Pour déterminer la bonté morale d'un acte, il faut en considérer l'objet, voir les circonstances qui l'accompagnent et la fin qu'on s'y propose.

Le jugement par lequel on décide qu'un acte particulier est bon ou mauvais, licite ou illicite, se fonde sur un syllogisme intérieur dont les deux prémisses doivent être vraies pour que la conclusion soit légitime.

Si l'on admet des prémisses défectueuses, on arrive à une fausse conclusion et l'on se forme une mauvaise conscience.

Soit, par exemple, ce raisonnement d'une personne indisposée qui veut s'exempter de sortir le dimanche pour entendre la messe :

Les malades sont dispensés de sortir, etc.;
Or, je suis malade;
Donc je suis dispensée, etc.

D'abord, dans la majeure, il s'agit d'une maladie réelle, rendant la sortie impossible ou fort dangereuse. La mineure est donc à examiner ; il faut s'assurer de la réalité de la maladie ou du danger auquel on s'expose en sortant.

Au moyen de cet exemple, on peut distinguer diverses sortes de *consciences :*

1° Celui qui est vraiment malade, ou qui s'exposerait à un grand danger en sortant, se forme, par le susdit syllogisme, une conscience *droite* ou *vraie.*

2° Celui qui se dirait malade par paresse, se formerait une conscience *erronée* ou *fausse.*

3° Celui qui s'exempterait de sortir pour une trop légère incommodité, se formerait une conscience *relâchée.*

4° Celui qui craindrait de rester au logis contre l'avis d'un médecin sage et craignant Dieu, serait le jouet d'une conscience *scrupuleuse.*

Pour former notre conscience, nous devons considérer l'objet, les circonstances et la fin d'une action; c'est-à-dire, outre la nature de la chose même qu'on se propose de faire, il faut examiner la qualité des personnes, le temps, le lieu, la manière, le motif et les résultats.

Quelques personnes, pour s'autoriser à fréquenter les spectacles, se disent : « Je n'y fais pas de mal, car je ne prête aucune attention à ce qu'on y représente. »

Mais le mal est-il seulement dans l'attention donnée à la pièce représentée? N'y a-t-il pas :

1° Du temps perdu?

2° De l'argent mal employé à soudoyer des comédiens dont la profession est condamnée?

3° Un mauvais exemple donné par le mépris des ordonnances ecclésiastiques qui réprouvent le spectacle?

4° On s'expose à y rencontrer une compagnie dangereuse.

5° De plus, est-il bien possible de ne jamais donner son attention à la représentation qu'on a sous les yeux?

6° Enfin, est-on assez maître de ses passions pour s'assurer que cette occasion périlleuse ne les excitera pas d'une façon coupable?

La conclusion du syllogisme qui forme la conscience sera juste et légitime si elle se fonde sur des prémisses vraies ; c'est la vérité de ces prémisses qu'il faut examiner, en écartant soigneusement les passions, qui offusquent et obscurcissent la raison.

SECONDE PARTIE

APPLICATION DES RÈGLES PRÉCÉDENTES.

§ I.

Combien la logique est nécessaire.

La raison est le plus excellent apanage de l'homme. Qui voudrait avoir l'éclat du soleil, la force du lion, l'agilité de l'aigle, à condition d'être sans intelligence?

Quelle est l'affliction des parents qui s'aperçoivent que leur enfant restera imbécile? Ils sont inconsolables, surtout s'il s'agit d'une folie mêlée de méchanceté, ne laissant d'autre ressource que d'enfermer pour toujours cette malheureuse créature.

Le mauvais usage de la raison est une véritable folie, et il rend souvent les hommes cruels et furieux. Ainsi, deux jeunes gens, après avoir été longtemps amis, commencent à se disputer; ils se fâchent, se provoquent en duel, et quelques jours après, ils vont se battre de sang-froid, se blessent et se tuent. Voilà une cruauté pire que celle des tigres et des lions qui ne déchirent jamais les animaux de leur espèce.

Or, c'est une fausse idée du courage et de l'honneur qui séduit les duellistes, leur fait porter un faux jugement et trouble leur raison.

L'Ecriture sainte dit que le nombre des fous est infini, c'est-à-dire le nombre de ceux qui jugent à tort et à travers et qui déraisonnent. Ils pourraient être sages s'ils voulaient faire attention à leurs idées, à leurs jugements et aux tristes conséquences des faux raisonnements qu'ils forment.

§ II.

De la clarté et de la distinction des idées

Juger, comme nous l'avons dit ailleurs, c'est unir deux idées, ou les séparer, comme ne se convenant pas. Pour bien juger, il faut apercevoir la ressemblance ou la différence de deux objets ; il faut donc en avoir des idées claires et distinctes, pour ne pas joindre ce qui doit être séparé, ou séparer ce qui doit être uni.

Expliquons ceci par des exemples qui ont rapport à la morale, où nos mauvais raisonnements sont plus fréquents et plus dangereux.

1° L'homme trouve en soi l'appétit du bonheur et l'aversion du malheur; ces idées le frappent vivement et constamment. Chacun désire sans cesse arriver au bonheur et fuir le malheur.

En suivant cet appétit ou cette aversion, nous pourrions nous rendre vraiment heureux, si nous connaissions clairement et distinctement la nature des choses; mais nos passions dépravent nos idées avec nos goûts, et font que nous cherchons souvent notre bonheur dans un objet qui doit causer notre perte, et nous fuyons avec horreur celui qui nous rendrait véritablement heureux.

Plusieurs attachent l'idée du bonheur au plaisir qui naît, dans les sens, de l'impression de certains objets extérieurs, savoir: à ce qui flatte le goût, la vue, l'ouïe, etc. Ils se croiraient heureux s'ils avaient toujours une bonne et abondante nourriture, s'ils jouissaient constamment du spectacle d'un agréable paysage, etc.

D'autres attachent l'idée du bonheur à la parure du corps, d'autres au repos et à l'inaction; ils ne veulent rien faire, rien apprendre, rien penser, se contentant de mener une vie oiseuse et inoccupée; en un mot, il y a presque autant de jugements sur le bonheur, considéré en particulier, qu'il y a de personnes différentes. Nous pouvons réformer les jugements précédents au moyen de syllogismes réguliers, où la fausseté évidente de la conséquence fera paraître celle des prémisses.

Nous proposerons aux amateurs de la bonne chère le syllogisme suivant :

Ceux qui trouvent toujours une saine et abondante nourriture, sont heureux ;

Or, les oies, les poulets et les porcs que l'on engraisse, trouvent toujours une saine et abondante nourriture,

Donc les oies, les poulets et les porcs que l'on engraisse, sont heureux.

Qui oserait soutenir cette conséquence, et proposer un tel bonheur au cœur de l'homme?

Le syllogisme étant formellement en règle, il faut qu'une des prémisses soit fausse ; ce n'est pas la mineure puisqu'elle énonce un fait, c'est donc la majeure.

Ajoutez que si le bonheur consistait dans le plaisir des sens, plusieurs bêtes seraient plus heureuses que l'homme, parce qu'elles ont des organes mieux disposés que les nôtres, la vue plus perçante, l'odorat plus fin, etc.

A ceux qui mettent leur bonheur dans la parure du corps, opposons encore un syllogisme :

Les créatures les mieux parées sont les plus heureuses ;

Or, les fleurs sont les créatures les mieux parées ;

Donc les fleurs sont les plus heureuses des créatures.

On ne peut nier la seconde proposition de ce syllogisme ; car Jésus-Christ a dit lui-même en saint Luc, chap. XII : *Considérez les lis..... Salomon même en toute sa gloire n'était pas vêtu comme l'un d'eux.* On doit donc (puisque la conséquence est rigoureuse), ou rejeter la première proposition comme absolument fausse, ou convenir qu'une fleur, qui paraît quelque chose aujourd'hui, et demain sera jetée au four ou foulée aux pieds, est plus heureuse que l'homme.

Si le bonheur consistait dans le repos et dans l'inaction, les pierres qui sont cachées au sein de la terre se trouveraient dans une meilleure condition que les créatures intelligentes.

On voit l'extravagance et la folie d'envier le bonheur d'une fleur ou d'une pierre, tandis que Dieu nous a destinés à partager celui des anges.

L'homme trouve en soi le désir de la grandeur et de l'excellence, mais les passions et la corruption de notre nature viennent obscurcir l'idée de la vraie grandeur. Par un jugement vicieux, nous l'attachons à des objets qui ne lui conviennent pas ; les uns placent la grandeur dans les richesses et regardent les riches comme fort élevés au-dessus des pauvres ; les autres la voient dans la possession d'un vaste palais, d'un nombreux domestique, d'un emploi honorable, pensant que toutes ces choses les rendent plus estimables aux yeux des hommes.

Mais l'estime et le respect qu'on nous témoigne restent hors de nous et n'ajoutent rien à notre valeur personnelle ; ils nous laissent aussi misérables que nous l'étions auparavant et peut-être davantage.

Le raisonnement nous sert à rectifier l'idée de la grandeur.

Pour conclusion, n'affirmons jamais qu'un attribut convient à un sujet sans avoir une idée claire et distincte de l'un et de l'autre.

§ III.

Il ne suffit pas qu'une proposition soit vraie, il faut encore la bien entendre.

Par exemple, l'Ecriture sainte et la saine raison nous disent que *Dieu est bon :* rien de si vrai, que cette proposition, mais plusieurs l'entendent et l'appliquent mal.

On dit souvent : *Dieu est bon*, c'est un bon Père qui ne regarde pas de si près ; et l'on en conclut qu'il ne fait pas attention à nos fautes journalières, qu'il ne nous oblige à rien de pénible, qu'il ne saurait nous menacer de l'enfer, et autres absurdités blasphématoires.

Ces faux raisonnements proviennent de ce qu'on n'examine pas la signification réelle du mot *bon*, dont on se sert ordinairement pour désigner un homme qui ne se mêle pas beaucoup des affaires des autres.

La bonté de Dieu est sa souveraine perfection et sa sainteté même; opposée à tout péché, elle veut essentiellement nous conduire à tout ce qui est vertueux et parfait. Saint Paul écrivait aux Romains : *Ignorez-vous que la bénignité de Dieu nous invite à faire pénitence?* Il disait : *Ignorez-vous*, pour faire comprendre que les Romains devaient savoir que la bonté de Dieu nous invite, non pas à vivre négligemment et sans crainte pour nos fautes passées, mais à satisfaire premièrement à sa justice, avec la ferme espérance d'obtenir miséricorde.

Autre exemple :

Les philosophes modernes répètent continuellement que nous devons nous aimer les uns les autres, que les catholiques doivent s'unir aux protestants et aux autres sectaires pour ne former qu'une agrégation et qu'une Eglise.

Nous devons nous aimer les uns les autres, rien de plus vrai; mais ce que signifie le mot *aimer*, c'est ce qu'on n'examine pas.

L'Ecriture sainte nous explique le devoir de la charité envers le prochain, comme une suite de la charité envers Dieu. Nous devons aimer notre prochain, parce qu'il est l'image de Dieu, parce que Dieu veut que nous l'aimions, et comme il veut que nous l'aimions, c'est-à-dire en lui désirant et lui procurant tout le bien spirituel et éternel que Dieu lui-même lui désire. Cela est bien éloigné de la lâche tolérance pour toutes les croyances et pour tous les vices, que les philosophes voudraient déduire de la loi d'amour envers le prochain.

En disant qu'il faut *entendre* les termes d'une proposition vraie, on ne prétend pas qu'il soit nécessaire de pénétrer jusqu'au fond des choses qu'ils expriment. Ainsi, nous savons que Dieu est *tout-puissant ;* mais qui pourrait comprendre la valeur absolue de cette expression ? Il nous suffit d'entendre et de croire ce que l'Ange a dit à la sainte Vierge, que *rien n'est impossible à Dieu.* Vouloir borner la toute-puissance de Dieu à nos faibles lumières, serait vouloir enfermer l'Océan dans une coquille de noix. Quelques hérétiques nient le miracle de la transsubstantiation, parce qu'ils ne comprennent pas comment le corps de Jésus-Christ se trouve tout ensemble au ciel et sur chacun des autels de nos églises. Leur raisonnement équivaut à celui-ci :

Tout ce qui nous paraît impossible est incroyable ;

Or, il nous paraît impossible que le corps de Notre-Seigneur Jésus-Christ soit en même temps au ciel et sur l'autel ;

Donc cela est incroyable.

La majeure est absolument fausse, car ce qui paraît impossible à notre faible intelligence n'est nullement incroyable. Dieu peut faire absolument plus que nous ne pouvons comprendre, et il y a même dans la nature mille choses que nous n'entendons pas et dont il faut cependant admettre la réalité, ainsi l'union de l'âme et du corps, l'action de la pesanteur, celle de l'électricité, etc. ; et si nous ne comprenons pas les merveilles qui sont en nous et autour de nous, comment voudrions-nous pénétrer la toute-puissance et les perfections de Dieu ?

§ IV.

De la certitude que nous acquérons par la foi divine et la foi humaine.

Il y a deux manières d'acquérir la certitude d'une proposition. La première est la connaissance que nous en prenons par nous-mêmes, quand notre raison recherche et trouve la vérité. L'autre, c'est la voie de l'autorité; lorsque des personnes dignes d'être crues nous assurent qu'une chose est ainsi, cela s'appelle foi.

L'autorité est de deux sortes : elle vient de Dieu ou des hommes ; il y a aussi deux sortes de foi : la *foi divine* et la *foi humaine*.

La foi divine n'est sujette à aucune erreur, parce que Dieu ne peut ni se tromper ni nous tromper.

La raison même nous persuade qu'il y a des choses que nous devons croire logiquement, quoique nous ne soyons pas capables de les comprendre, ce qui est principalement vrai à l'égard de la foi divine.

C'est pourquoi, lorsque nous captivons notre entendement pour obéir à Jésus-Christ, comme saint Paul nous l'ordonne, nous ne le faisons pas néanmoins aveuglément et déraisonnablement. Au contraire, c'est une action très raisonnable que de se captiver de la sorte sous l'autorité de Dieu, lorsque nous avons des motifs de crédibilité suffisants et des preuves évidentes que Dieu a parlé.

Mais, dans les fausses religions, on croit aveuglément et déraisonnablement, parce qu'on n'a pas de justes motifs de crédibilité. On croit, par exemple, ce que Luther et Calvin ont enseigné, sans avoir la moindre certitude que leur doctrine est celle de Jésus-Christ. Dans ces religions, on n'a qu'une foi humaine, ou plutôt on suit témérairement l'opinion de personnages fort peu dignes de foi.

D'elle-même, la foi humaine est sujette à l'erreur, parce que tout homme peut tromper ou être trompé.

Cependant certaines choses connues par la seule foi humaine peuvent être tenues pour indubitables. Par exemple, nous ne pouvons douter qu'il y ait des antipodes, quoique nous ne les ayons jamais vus; de même, il faudrait avoir perdu le bon sens pour douter de l'existence de César, Pompée, Cicéron, Virgile, etc.

Quelquefois l'assertion de dix ou vingt auteurs ne suffit pas pour donner la certitude d'un fait historique; s'ils se sont copiés les uns les autres, on peut trouver, en examinant bien, qu'ils se sont tous trompés. Le premier a suivi un bruit populaire, le second a répété le premier, etc.

Quelquefois le témoignage d'un seul homme suffit pour fonder la foi humaine, si ce témoin unique a des qualités telles, qu'il serait contre la raison de ne pas croire ce qu'il affirme.

Par exemple, quand saint Pierre, ayant été miraculeusement délivré de la prison du roi Hérode, alla à une maison de Jérusalem où plusieurs fidèles étaient assemblés, et leur raconta ce que le Seigneur avait fait pour lui, aucun d'eux, assurément, ne put être assez téméraire pour douter de la véracité du prince des apôtres.

Lorsque des personnes très respectables nous racontent des faits extraordinaires et même des miracles, nous pécherions contre la saine raison en refusant d'y croire; à plus forte raison si les supérieurs ecclésiastiques les ont examinés et approuvés.

Vous n'êtes pas raisonnable, si vous croyez tout ce que l'on vous dit; mais vous ne l'êtes pas davantage, si vous ne voulez croire que ce que vous avez vu ou examiné vous-même. Dans l'un et l'autre cas, vous suivez un faux principe.

Tous nos raisonnements reposent sur un principe général d'où la conclusion est tirée. Si le principe est faux, la conclusion est nécessairement fausse; si le principe est vrai, la conséquence l'est aussi, à condition qu'elle soit légitime, c'est-à-dire contenue dans les prémisses.

§ V.

Réflexions sur les majeures de divers syllogismes.

Dans le syllogisme simple, qui est aussi le plus clair, on pose d'abord, par manière de principe, une proposition générale qu'on appelle majeure.

1° Mais il faut observer que plusieurs propositions, énoncées comme générales, ne le sont cependant pas et admettent des exceptions. Par exemple, on dit ordinairement :

Toutes les femmes aiment à parler.

Tous les jeunes gens sont inconstants.

Tous les vieillards vantent le temps passé.

Ces propositions, et mille autres semblables, souffrent des exceptions, et on ne saurait les poser pour majeure d'un syllogisme sans s'exposer à tirer une fausse conclusion.

Les propositions suivantes sont encore moins générales :

Les Français sont bons soldats.

Les Hollandais sont bons matelots.

Les Flamands sont bons peintres.

Ici, il n'y a pas seulement exception sur la généralité, mais restriction sur le sens; car on ne saurait parler de *tous* les Français, les Hollandais, les Flamands, mais simplement de ceux qui exercent la profession de soldats, de matelots ou de peintres.

2° Il faut encore observer que plusieurs propositions sont universelles ou générales dans leur signification, bien qu'on n'y rencontre pas le mot *tout*, et qu'au premier abord elles paraissent particulières ou singulières.

Telles sont la plupart des maximes, ou règles de conduite, que l'on trouve dans la sainte Ecriture.

Ainsi :

« Un homme sage écoute les conseils qu'on lui donne. »

« La prospérité des insensés les perdra. »

Ces sentences sont générales, comme plusieurs autres que nous donnerons plus loin.

Celui qui veut bien raisonner et se conduire suivant la saine raison, doit se faire une grande provision de ces bons principes et de ces régles générales, d'où il pourra tirer des conséquences utiles pour tous les événements de sa vie.

Voilà pourquoi il faut apprendre la logique avant les autres sciences, parce que la raison est l'instrument nécessaire pour acquérir la science; mais, d'un autre côté, les sciences servent beaucoup à perfectionner la raison.

Ainsi, il faut connaître la logique pour ne pas se laisser tromper par les historiens; et, en étudiant l'histoire, on découvre d'excellents principes pour diriger sa conduite. L'histoire raconte de bonnes et de mauvaises actions; nous y apprenons donc à imiter le bien et à éviter le mal.

La logique donne l'intelligence du catéchisme ou de l'instruction chrétienne ; et, sans la doctrine chrétienne, l'art de raisonner ne nous servirait de rien.

On a besoin d'une logique, au moins naturelle, pour comprendre un sermon, et le sermon nous apprend à bien raisonner sur les devoirs de la vie.

L'instruction religieuse et les sermons rempliront notre esprit des principes et des maximes salutaires, que la révélation et la loi divine nous offrent.

Voici quelques-unes de ces sentences, tirées de l'Ecriture sainte, qu'il est bon de graver dans sa mémoire, en se rappelant que ce sont des propositions générales, quoiqu'elles ne le paraissent pas dans la forme.

1° « La sagesse n'entrera point dans une âme perverse ; elle ne demeurera pas dans un corps assujetti au péché. »

2° « Le méchant se dresse à lui-même des embûches pour perdre son âme. »

3° « Une entreprise concertée avec malice retombera sur celui qui l'a faite. »

4° « L'insensé change comme la lune. »

5° « Celui qui élève trop haut sa maison en procure la chute. »

6° « La prospérité des méchants les perdra. »

7° « Un homme impatient agit contre le bon sens. »

8° « Une réputation intacte est préférable à de grands biens. »

9° « Le juste a le courage du lion. »

10° « Le méchant fuit sans que personne le poursuive. »

11° « Que toutes vos démarches tendent à Dieu, et lui-même conduira vos pas. »

12° « Celui qui craint le Seigneur, est heureux. »

13° Consultez le Seigneur dans tout ce que vous faites, et il règlera toutes vos pensées. »

Il y a dans l'Evangile un grand nombre d'autres maximes et sentences générales, que l'on comprendra mieux en lisant les écrits des docteurs qui les expliquent ou en écoutant leurs discours.

3° Souvent un seul syllogisme ne suffit pas pour prouver une vérité qui n'est pas évidente par elle-même; alors il faut employer d'autres arguments pour démontrer la majeure ou la mineure du premier syllogisme, soit par exemple :

Toute injustice est défendue par la loi de Dieu; or l'usure est une injustice;

Donc l'usure est défendue par la loi de Dieu.

Si l'on a affaire à un usurier, il contestera la mineure, et il faudra la lui prouver, en lui donnant une définition exacte de l'usure, contrat par lequel on retire d'une somme prêtée un profit au-dessus du taux fixé par la loi, dix ou vingt pour cent, au lieu de cinq. Par là, on s'approprie illégitimement le bien d'autrui, on s'enrichit à ses dépens, etc.

4° Il faut encore observer que plusieurs propositions, qui paraissent négatives, sont néanmoins affirmatives dans le sens. Par exemple, ces paroles de Notre-Seigneur : « Celui qui ne porte pas sa croix et ne me suit pas, ne peut être mon disciple. » Cette proposition est affirmative dans le sens. On peut traduire : Pour être mon disciple, il faut porter sa croix et me suivre.

§ VI.

Des erreurs causées par les préjugés et par d'autres défauts.

Celui-là est dans l'erreur, qui prend pour vrai ce qui est faux, et pour faux ce qui est vrai.

Ainsi, c'est une erreur de croire utile ce qui n'est pas honnête.

L'erreur, provenant d'une idée adoptée d'avance, s'appelle *préjugé* : elle est très commune.

Les *préjugés* ont leur source :

1° Dans les opinions formées dès l'enfance et fortifiées par une mauvaise éducation. L'âge tendre ne peut discerner la vérité de l'erreur; il adopte sans examen les opinions de ceux qui l'entourent : c'est pourquoi il importe tant de le préserver du contact des personnes qui vivent ou parlent mal, de celles qui lui donneraient de funestes exemples ou ne l'entretiendraient que de misères et de sottises.

2° Dans les mots eux-mêmes, que les enfants apprennent avant d'en connaître la vraie signification. S'ils leur impriment une idée fausse, obscure ou confuse, ces idées se conserveront et ne s'effaceront que très difficilement plus tard. C'est ce qui arrive aux enfants qui entendent parler de bonheur, de grandeur et d'excellence, sans qu'on leur explique en quoi consiste réellement ces choses.

3° Dans les affections ou les inclinations. On forme son opinion d'après un sentiment d'amour ou de haine, de joie ou de tristesse, sans consulter la vérité.

4° Dans les usages du pays où l'on demeure. Les personnes d'une même patrie se ressemblent, parce qu'elles ont adopté les mêmes idées. De là vient qu'une nation méprise l'autre, et réciproquement en est méprisée. Ce mépris est un préjugé.

5° Les préjugés tirent souvent leur origine de l'autorité. Si quelqu'un craint beaucoup la censure d'un supérieur, cette crainte est capable de l'obliger à embrasser sans examen toutes les opinions de son maître. Cela arrive fréquemment aux enfants.

Les préjugés naissent encore de la trop grande confiance qu'on a en ses propres lumières. Plusieurs deviendraient sages s'ils ne croyaient pas l'être.

Outre ces préjugés d'amour-propre, il y a encore d'autres défauts qui nuisent à la recherche de la vérité, tels que :

1° La paresse. On ne veut pas réfléchir, parce que cela paraît trop difficile ; on aime mieux s'égarer que de se donner la peine de chercher son chemin ou de le demander.

2° L'avidité de tout savoir à la fois. On lit toutes sortes de livres, mais on les étudie superficiellement et sans rien approfondir.

3° Le défaut de mémoire, où s'accumulerait le trésor de la science. Un sage exercice augmente la mémoire, mais il faut avoir soin de comprendre ce que l'on apprend.

4° L'amour des plaisirs extérieurs et des divertissements du monde, qui sont une pépinière de folies, la ruine et la destruction de la raison, et de ce plaisir réel, qui consiste dans la connaissance de la vérité.

§ VII.

Moyens de se perfectionner dans l'art du bon raisonnement.

La logique, ou l'art de bien penser, a cela de particulier, que l'usage en est continuel et demande toujours la même application. Celui qui a appris à peindre ou à chanter, conserve ce talent et l'exerce presque instinctivement; mais, pour bien raisonner, la facilité acquise par l'habitude ne dispense jamais d'une attention actuelle et d'une réflexion sur les opérations de notre esprit. Si cette attention est un peu onéreuse, n'oublions pas qu'elle est nécessaire, puisque la bonne vie en dépend. Pour bien vivre, il faut bien raisonner.

Au dernier jugement, Dieu ne condamnera pas seulement les pécheurs comme rebelles à sa volonté sainte, mais aussi comme *insensés*, c'est-à-dire comme ayant préféré l'erreur à la vérité.

Il nous faut donc veiller continuellement sur les opérations de notre esprit, pour nous assurer que c'est la raison, et non la passion et le préjugé, qui les dirige.

« Consultez le Seigneur en tout ce que vous faites, et il réglera lui-même vos pensées. »

TROISIÈME PARTIE

OBSTACLES AU BON RAISONNEMENT.

§ I.

Des passions en général.

Les passions exercent sur nos jugements et notre volonté une influence trop considérable, pour qu'une bonne logique puisse se dispenser d'en étudier la nature et l'origine.

La passion est un mouvement qui porte l'âme vers un objet agréable ou l'éloigne d'un objet fâcheux. Ce mouvement se produit en trois circonstances :

1° Lorsqu'un objet extérieur frappe actuellement les organes des sens.

2° Lorsque l'imagination représente la sensation précédemment éprouvée.

3° Lorsque la raison et la volonté ont connu le bien et le mal pour approuver l'un et repousser l'autre.

Dans le premier et dans le second cas, la passion peut exister sans que la volonté y coopère; il y aura même lutte si la volonté résiste, et c'est ce qu'on appelle *le combat de l'esprit contre la chair*.

Quelquefois la volonté se laisse vaincre, et abandonne la vérité dont elle était convaincue, pour se mettre d'accord avec la passion qui l'obscurcit.

Avant d'avoir atteint l'âge de raison, les enfants vivent d'une vie animale, et suivent le penchant des passions sensibles comme une sorte d'instinct.

Par elles-mêmes, les passions ne sont pas mauvaises; elles ne le deviennent qu'en suite de la corruption de notre nature, en tant qu'elles se portent sur un objet défendu et troublent notre jugement.

Les passions dirigées par la saine raison restent bonnes.

On est vertueux, quand on sait gouverner ses passions, et s'en servir dans l'ordre de la raison, pour une bonne fin.

On est vicieux, quand on s'en laisse dominer à la manière des bêtes, qui du reste ne sont pas blâmables, parce qu'elles n'ont pas, comme l'homme, la liberté de résister à leur instinct naturel.

Les passions servent à la vertu en la rendant plus active, comme la compassion et la pitié que l'on conçoit à la vue de la misère des pauvres, excitent la charité à les soulager. De même, dans une méditation pieuse, l'imagination qui nous représente les maux à fuir ou les biens à obtenir, allume notre ardeur et nous pousse à prendre des résolutions plus généreuses.

Les passions deviennent une occasion de mérite, par le combat où elles nous engagent pour réprimer et mortifier celles qui ne conviennent pas ; selon la promesse de l'Apôtre, celui-là seul sera couronné, qui aura combattu courageusement et remporté la victoire.

On compte onze passions principales, auxquelles toutes les autres se rapportent : l'amour, la haine, le désir, l'aversion ou la fuite, la joie, la tristesse, l'espérance, le désespoir, la crainte, l'audace et la colère.

§ II.

L'amour, la haine et le désir.

On appelle *partie supérieure* de l'âme, l'entendement et la volonté; *partie inférieure* ou *appétit sensitif*, le sentiment et l'imagination.

La partie supérieure doit gouverner la partie inférieure. Tel est l'ordre que Dieu a établi ; si le contraire arrive, on renverse l'ordre : c'est ce qu'a fait Eve en se laissant séduire par la sensualité, et mangeant du fruit défendu.

L'amour est la première de toutes les passions et l'origine de toutes les autres; mais il y en a de deux sortes : l'un réside dans la volonté, et est dirigé par l'entendement; l'autre réside dans l'appétit sensitif, et est dirigé par l'imagination.

Il y a aussi deux sortes de haines : la haine du véritable mal, qui est le péché, est juste et sainte.

On fait tout par amour, puisqu'en toutes ses actions on se propose une fin aimée, ou du moins préférée à une autre.

C'est parce qu'on aime l'honneur qu'on veut éviter la honte, etc.

Puisque l'amour est l'origine de toutes nos passions et de toutes nos actions, il importe extrêmement d'examiner avec soin ce qui mérite d'être aimé, ou quel est le véritable bien.

Pour connaître ce véritable bien, ce ne sont pas les sens, mais la raison et la foi, qu'il faut consulter. Voici l'oracle du Sauveur : *A quoi sert de gagner l'univers, si l'on vient à perdre son âme?* c'est-à-dire : si on la rend malheureuse pour l'éternité?

Toutes les choses qui se rencontrent dans l'univers, ne sont donc réellement bonnes et utiles qu'autant qu'elles servent à notre salut, et l'on fait à ce propos le syllogisme suivant :

Tout ce qui ne mène pas à acquérir le bonheur éternel est mauvais, ou de peu de conséquence;

Or, telle chose ou telle action ne me mène pas à acquérir le bonheur éternel;

Donc elle est mauvaise, ou de peu de conséquence.

Le désir, appelé aussi *concupiscence* en tant qu'il regarde les choses sensibles représentées par l'imagination, est produit par l'amour, et de plus il l'augmente; c'est pourquoi nous devons veiller sur le désir plus soigneusement encore que sur l'amour.

Il faut retrancher les désirs inutiles de choses bonnes, mais trop éloignées, qui occasionnent mal à propos de très grandes inquiétudes. Comme, si vous désirez fortement de quitter le lieu où vous êtes avant que l'heure du départ soit venue; d'acquérir le bien de votre voisin, qui ne veut pas le vendre; de faire les exercices des gens qui se portent bien, tandis que vous êtes malade. Ce désir est non seulement vain, mais nuisible, parce qu'en diminuant la patience, il augmente la maladie.

Saint François de Sales (*Intr. à la vie dévote, liv. III, chap. 37*) ne veut pas même qu'on se distraie à désirer des exercices de dévotion qui ne conviendraient pas à l'état qu'on a embrassé : « Si, étant évêque, je désire la solitude des chartreux, dit-il, je perds mon temps, et ce désir tient la place de celui que je dois avoir de me bien employer à mon office présent. »

§ III.

La joie et la tristesse.

La joie, qu'on nomme aussi *délectation*, est occasionnée par la présence et la possession du bien que l'on aime.

Il y en a de deux sortes : l'une est seulement dans l'entendement et la volonté, c'est la délectation spirituelle; l'autre, dans l'appétit sensitif, c'est la délectation sensible et corporelle. La première est plus grande, plus intime et plus durable, parce qu'elle a pour objet des biens supérieurs plus excellents, plus présents à l'âme et plus continuels. Les délectations sensibles ne se produisent que successivement et momentanément : celles que causent le boire et le manger, les accords d'une musique agréable, etc., passent rapidement, et il faut sans cesse recourir à d'autres sensations analogues, dont on se dégoûte aussi promptement. Les délectations sont bonnes quand elles sont conformes à la droite raison, et mauvaises quand elles y sont opposées.

Il n'est pas permis d'agir pour la seule délectation sensible : par exemple, de boire, de manger, de regarder, de jouer, de chanter, d'écouter, uniquement pour le plaisir qu'on y trouve, parce que, dans les desseins de Dieu, le plaisir n'est pas la fin pour laquelle nos actions sont ordonnées, il est seulement un moyen de les faciliter; donc en cherchant uniquement le plaisir sensible on renverse l'ordre que Dieu a établi.

Mais il est permis de chercher des plaisirs honnêtes dans une bonne intention, telle que le soulagement du corps et de l'âme, comme remèdes, et non pour eux-mêmes. Ceux qui passent leur vie dans la recherche des plaisirs des sens sont vraiment malheureux, parce que ce qu'ils rencontrent ne saurait les satisfaire. Ils perdent dans cette recherche, avec leur temps, les biens spirituels, l'amitié de Dieu, la grâce et le salut éternel.

La tristesse, passion occasionnée par la présence du mal, est parfois utile, et plus souvent mauvaise et pernicieuse.

Elle est utile quand elle apporte remède au mal : comme la compassion, qui nous porte à venir en aide au prochain que nous voyons affligé; la douleur d'avoir offensé Dieu, qui nous engage à réparer une faute et à en faire pénitence.

La troisième est nuisible, quand, au lieu

de produire ces bons effets, elle ne sert qu'à augmenter le mal en troublant l'âme, la privant de résolution, de courage, de conseil, et de tous les moyens qui l'aideraient à sortir de son état malheureux.

Ainsi la tristesse d'un homme qui aurait perdu la vue, tant qu'il y a espoir de guérison, peut l'engager à rechercher des remèdes efficaces et à exécuter plus courageusement les ordonnances des médecins. Mais si le mal est incurable, la tristesse qu'on en conçoit l'aggrave, et s'oppose à l'adoucissement que produiraient la patience et une calme résignation à la volonté de Dieu.

Voici les syllogismes que la logique oppose à une tristesse pernicieuse :

Tout plaisir diminue la tristesse ;

Or, la contemplation de la vérité cause un vif plaisir ;

Donc la contemplation de la vérité diminue la tristesse.

Parmi les vérités, celles que la religion nous propose et que Dieu même nous révèle, sont les plus excellentes.

Donc la contemplation des vérités de la religion est l'occupation la plus propre à diminuer la tristesse.

Dieu même est la vraie source de toute consolation.

Or, la prière élève notre esprit à Dieu ;

Donc la prière est le souverain remède contre la tristesse.

Aussi l'apôtre saint Jacques dit-il : « Si quelqu'un est triste, qu'il prie. »

§ IV.

L'espérance, la crainte et la colère.

Quand on parle de l'espérance, il faut distinguer la vertu théologale, qui réside dans la partie supérieure et spirituelle de l'âme, de la passion, qui appartient à l'appétit sensible, et a pour objet un bien à venir dont l'acquisition paraît possible.

L'espérance, même sensible, pourvu qu'elle soit raisonnable, est utile, car elle facilite beaucoup le travail. « Que celui qui laboure la terre le fasse en espérance, » dit saint Paul, et il en est de même pour tout autre ouvrage.

L'espérance est *raisonnable*, quand elle a pour objet un bien véritable dont l'acquisition n'est pas tellement difficile que nous ne puissions trouver le moyen de surmonter les obstacles qui s'y rencontrent.

L'instinct des animaux nous en fournit des exemples : si un loup voit un troupeau bien défendu par son berger, il ne l'attaque pas ; si un chien aperçoit un lièvre à une fort grande distance, il cesse de le poursuivre.

A plus forte raison serait-il insensé à une créature humaine de passer son temps à espérer des choses qu'elle ne pourra jamais obtenir.

Les jeunes personnes sont remplies de toutes sortes d'espérances, que leur inspirent la vivacité de leur imagination et l'ardeur de leur tempérament ; mais comme elles n'ont pas encore appris à se mesurer avec les difficultés, il faut qu'elles s'en méfient et qu'elles n'entreprennent rien sans demander conseil, de peur de s'engager imprudemment dans des entreprises dangereuses et qui ne sauraient réussir.

Le défaut de la vieillesse, au contraire, serait de n'espérer plus assez pour oser commencer aucune œuvre tant soit peu pénible et laborieuse.

Heureux ceux qui savent trouver un juste milieu, entre le découragement pusillanime et la témérité !

Ainsi que toutes les autres, la passion de la crainte vient de l'amour. Nous craignons de perdre le bien que nous aimons, ou de ne pas parvenir au bien que nous désirons.

L'objet de la crainte est un mal prochain et difficile à éviter. Tout ce qui doit augmenter l'intensité et la durée du mal, augmente la crainte. S'il s'agit d'un mal sans fin, on doit en concevoir une crainte infinie.

La crainte raisonnable est louable. La crainte du péché est excellente. « La crainte de Dieu est le commencement de la sagesse, » dit l'Esprit-Saint.

Ne rien craindre est moins vertu que vice, si cela provient de l'orgueil, de la stupidité ou de quelque autre défaut.

La crainte déraisonnable est celle qui provient d'un amour déraisonnable. Elle se trouve dans tous les péchés. L'avare craint de perdre son argent ; le voluptueux, de perdre ses plaisirs ; le paresseux, de perdre son repos. En retranchant le péché, on détruira ces motifs de crainte.

L'imagination est habile à présenter des sujets d'une crainte fort nuisible, d'une crainte qui empêche de travailler, de raisonner et de prendre conseil. Il importe de régler ces terreurs imaginaires, de les dominer et de les mépriser. La plupart de ces craintes se détruisent, moins par le raisonnement que par l'action, en faisant le contraire de ce qu'elles nous inspirent. Ainsi, quelqu'un s'est habitué à mentir, de peur de passer pour ignorant : qu'il consente une fois à avouer son ignorance, et il verra bientôt sa crainte se dissiper comme la fumée ; il ne lui restera que la honte d'avoir été si longtemps l'esclave de cette sotte passion.

La colère peut se définir : le désir de la vengeance; elle naît aussi de l'amour : celui qui aime, ne peut rester impassible à la vue du mal qui menace le bien qu'il recherche.

La colère inspirée par l'amour d'un bien véritable, l'amour de Dieu, de la justice et de la vérité, est juste et louable. La raison la commande, parce que sa vengeance légitime tend à réparer ou à détruire un mal réel. Mais la colère inspirée par l'amour-propre, produit des résultats terribles et peut conduire aux plus grands crimes. Celui qui s'estime beaucoup lui-même, est disposé à la colère, parce qu'il croit aisément que les autres le méprisent; les infirmes, ceux qui ont beaucoup de défauts naturels ou des souffrances habituelles, sont aussi plus sensibles aux moindres affronts. La colère aveugle celui qui s'y laisse emporter, et lui persuade qu'il va se consoler en affligeant les autres.

La haine est pire que la colère, en ce sens qu'elle désire le mal pour le mal, tandis que la colère ne le désire que pour se satisfaire, et qu'elle cesse avec la vengeance.

L'homme en colère ne peut plus raisonner, il devient furieux comme un tigre; mais de sages réeflxions sur l'origine de la colère nous apprendront les moyens de l'éviter et d'en prévenir les honteux excès.

Si c'est le mépris qu'on fait de notre personne, de notre grandeur et de notre dignité, qui excite notre colère, examinons dans le calme :

1° S'il est juste que les autres nous estiment et nous honorent.

2° Si les témoignages d'estime qu'ils nous donnent, ajoutent quelque chose à notre mérite.

3° Si le défaut de ces témoignages d'une estime réelle ou feinte, nous porte préjudice et diminue en rien notre valeur.

4° Si la vengeance que nous voulons prendre, est un bien véritable, et non pas plutôt un fort grand mal pour nous-mêmes, sur qui retombera tout l'odieux d'un acte coupable.

Lorsque les enfants sont en colère, ne pouvant atteindre leurs ennemis, ils se frappent eux-mêmes. La vengeance de l'homme n'est pas plus sage; en croyant humilier son prochain, il se donne des coups terribles, et au lieu d'une victoire remportée, il est vaincu pas la plus honteuse des passions.

§ V.

Comment nous pouvons vaincre nos passions.

Une passion peut surmonter une autre passion. Un avare devient prodigue par ambition ou par colère. La crainte du châtiment aiguillonne le paresseux.

Aucune passion n'est donc indomptable, et ceux qui croient impossible de résister à leurs mauvais penchants, se trompent.

Si l'on peut triompher d'une passion pour l'amour d'un bien sensible et humain, comme est la bonne réputation, le désir de s'enrichir, etc, à plus forte raison pourra-t-on le faire, avec le secours de la grâce, pour l'amour de Dieu et des biens éternels qu'il nous promet.

Les chrétiens ne le mettent pas en doute : ils connaissent leurs devoirs à cet égard ; mais beaucoup ignorent la passion à laquelle ils sont sujets et qu'ils devraient combattre. Il arrive fréquemment que tout leur voisinage, leurs parents et leurs amis voient clairement ce vice, dont eux-mêmes ne soupçonnent pas l'existence : c'est l'amour-propre qui les aveugle. Comme les mères n'aperçoivent pas les défauts des enfants qu'elles chérissent, de même nous nous trompons sur la nature des penchants que nous affectionnons, et il est difficile de s'éclairer complètement sur cette matière.

Le meilleur moyen d'y parvenir est d'examiner soigneusement ce en quoi nous mettons notre jouissance et le repos de notre volonté : si c'est dans la mauvaise délectation des plaisirs défendus, des honneurs et des richesses, nous sommes vicieux ; si c'est dans les exercices de la vertu, indépendamment de la peine ou du plaisir sensible que nous y rencontrons, nous sommes vertueux.

Pourvu qu'il plaise à Dieu, l'homme vertueux est content d'embrasser le travail, la pénitence, la dévotion, l'humilité, la résignation ; il y trouve son repos et son centre.

§ VI.

Différences dans la conduite des hommes.

RÈGLE A SUIVRE.

Notre entendement n'adopte jamais que ce qui est vrai, ou ce qui lui paraît vrai. De même la volonté se porte toujours vers le bien, ou vers ce qui paraît un bien.

Le motif qui nous fait agir, ou nous arrête, peut se traduire en un syllogisme, ou raisonnement qui nous détermine à entreprendre une action, ou à l'omettre. Le principe général qui nous dirige toujours est celui-ci : *Il faut faire le bien et éviter le mal.*

Ce principe est connu et suivi partout : à la Chine, en Amérique et en Océanie, chez les sauvages et les idolâtres, aussi bien qu'en France et parmi les nations catholiques.

Si néanmoins tous les hommes ne tiennent pas la même conduite, c'est que les uns regardent comme un bien ce que les autres jugent être un mal.

Par exemple, les mahométans raisonnent ainsi :

Ce qui est conforme à la religion et à la loi de Mahomet est bon;

Or, cette action est conforme à la loi et à la religion de Mahomet;

Donc cette action est bonne.

Les chrétiens, qui rejettent la majeure de ce syllogisme comme absolument fausse, ne sauraient en admettre la conclusion.

On distingue plusieurs sortes de biens :

Le *bien honnête,* le *bien utile* et le *bien agréable.*

Tout bien *honnête* est *utile* et *agréable;* mais le bien utile n'est véritablement un bien qu'à la condition d'être honnête; de même, s'il n'est honnête, rien ne saurait être réellement agréable.

Plusieurs oublient cette condition et cherchent ce qui leur paraît *agréable*, sans considérer s'il est honnête.

Ce bien *agréable*, ils veulent le trouver dans ce qui flatte les sens par une habitude ordinairement contractée dès l'enfance. Avant l'âge de la raison, ils ont agi par l'instinct qui les poussait vers les biens sensibles et les engageait à fuir tout ce qui offensait leurs sens. Cette habitude de chercher uniquement l'agréable a persévéré, et, parvenus à l'âge viril, ils ne peuvent dire avec saint Paul : « *Quand j'étais enfant, je parlais comme un enfant; j'avais des sentiments, des pensées d'enfant; mais lorsque je suis devenu homme, je me suis dépouillé de ce qui était de l'enfance.* » Plusieurs conservent leurs manières enfantines, ne s'amusant plus à des jeux, mais à des choses qui ne valent pas davantage, puisqu'ils n'y cherchent qu'un plaisir sensuel.

Quelques-uns osent affronter ce qui est pénible à la nature pour acquérir le bien qui leur paraît *utile*.

Les commerçants raisonnent ainsi :

Tout ce qui peut augmenter ma fortune est bon;

Or, le voyage aux Indes, tout pénible qu'il est, peut augmenter ma fortune;

Donc ce voyage est bon.

Les militaires se disent :

Tout ce qui rend illustre est bon ;

Or, un combat dangereux rend illustre ;

Donc un combat dangereux est bon.

D'autres ne croient chercher que le bien honnête ; mais les sentiments sont encore partagés sur l'honnêteté. Ce qui paraît honnête en Turquie, ne l'est nullement parmi les chrétiens ; et encore ceux-ci ne tiennent pas tous la même opinion sur ce qu'il faut condamner comme malhonnête et indécent.

De ce qui vient d'être dit, on conclura facilement que nous avons besoin d'une règle extérieure, certaine et infaillible pour nous diriger constamment vers le bien et le vrai ; *afin*, comme dit saint Paul, *que nous ne soyons plus comme de petits enfants, flottant à tout vent de doctrine* et nous laissant entraîner par la malice des hommes qui cherchent à nous abuser, comme ils se trompent eux-mêmes par le désir des faux biens.

Dieu, qui a imprimé en nous l'amour du vrai et du bien, ne nous a pas privés du moyen de les trouver en nous abandonnant à nous-mêmes. Il nous a donné, pour y arriver, une règle certaine et infaillible dans la doctrine de l'Eglise catholique, toujours dirigée par le Saint-Esprit. Nous sommes assurés de connaître, par cet organe, ce qui est en même temps honnête, utile et vraiment agréable.

Prenons les décisions de l'Eglise pour principes certains dans tous nos raisonnements et toutes nos actions; approuvons ce qu'elle approuve, condamnons ce qu'elle condamne, et nous resterons inébranlables dans la voie droite de la sagesse, de la justice et du salut, de la gloire et du bonheur, pour le temps et pour l'éternité.

FIN

TABLE.

PREMIÈRE PARTIE.

PRINCIPES.

SECONDE PARTIE.

APPLICATION DES RÈGLES PRÉCÉDENTES.

TROISIÈME PARTIE.

OBSTACLES AU BON RAISONNEMENT.

— Lille. Typ. J. Lefort. —

www.ingramcontent.com/pod-product-compliance
Ingram Content Group UK Ltd.
Pitfield, Milton Keynes, MK11 3LW, UK
UKHW020321220726
13923UKWH00003B/1293

9 782019 674069